ARCHIVO DE DATOS CURIOSOS: MUJERES EN LA HISTORIA

20 DATOS CURIOSOS SOBRE LAS MUJERES NATIVAS AMERICANAS

Caitie McAneney

Gareth Stevens PUBLISHING

Visita nuestro sitio de Internet, www.garethstevens.com. Para obtener un catálogo en colores gratuito de todos nuestros libros de primera calidad, llama sin cargo al 1-800-542-2595 o envía un fax al 1-877-542-2596.

ISBN 9781538253809 (pbk.)
ISBN 9781538253816 (eBook)

First Edition

Published in 2020 by
Gareth Stevens Publishing
111 East 14th Street, Suite 349
New York, NY 10003

Translator: Zab Translation Solutions
Designer: Samantha DeMartin
Editor: Kristen Rajczak

Photo credits: Cover, p. 1 Culture Club/Hulton Archive/Getty Images; p. 5 Jerome Pollos/Getty Images News/Getty Images; pp. 6, 29 Marilyn Angel Wynn/Nativestock/Getty Images; p. 7 Archive Photos/Archive Photos/Getty Images; p. 8 courtesy of Library of Congress; p. 9 Harvey Meston/Archive Photos/Getty Images; p. 9 (Chilkat robe) Mary Ebbetts Hunt/Wikimedia Commons; p. 10 (Iroquois) Frank A. Rinehart/Wikimedia Commons; p. 10 (Hopi) Charles C. Pierce/Wikimedia Commons; p. 10 (Inuit) Topical Press Agency/Hulton Archive/Getty Images; p. 10 (Cherokee) Popperfoto/Popperfoto/Getty Images ,pp. 11, 15, 18 Hulton Archive/Hulton Archive/Getty Images; pp. 10 (Tlingit), 12 Buyenlarge/Archive Photos/Getty Images; p. 13 Ted Russell/The LIFE Picture Collection/Getty Images; p. 14 Google Cultural Institute/Wikimedia Commons; p. 16 MPI/Archive Photos/Getty Images; p. 17 Kean Collection/Archive Photos/Getty Images; p. 19 otterlove/Creative Commons/Flickr.com; p. 20 Leemage/Universal Images Group/Getty Images; p. 21 Charles Marion Russell/Wikimedia Commons; p. 22 Joelwnelson/Wikimedia Commons; p. 23 courtesy of Arizona State University; p. 24 PETER PARKS/AFP/Getty Images; p. 25 Darren McCollester/Hulton Archive/Getty Images; p. 26 PAUL J. RICHARDS/AFP/Getty Images.

Printed in the United States of America

CPSIA compliance information: Batch #CG19WL: For further information contact Gareth Stevens, New York, New York at 1-800-542-2595.

Contenido

Las palabras del glosario se muestran en **negrita** la primera vez que aparecen en el texto.

Mujeres poderosas

A lo largo de la historia, las mujeres de los pueblos nativos americanos han demostrado su fortaleza y poder. Aunque probablemente pienses que se dedicaban al trabajo doméstico, ¡sus tareas y habilidades iban mucho más allá! Estas mujeres tuvieron **roles** importantes en sus tribus.

El rol de la mujer dependía de su tribu. En muchas tribus, se honraba a las mujeres por su talento. ¡Trabajaban mucho, cuidaban a sus familias e incluso podían ser líderes de su **clan**! Algunas mujeres de los pueblos nativos americanos han hecho historia por sus logros como líderes valientes y pioneras.

La mayoría de las mujeres de los pueblos nativos americanos no viven como lo hacían antes. Sin embargo, mantienen viva su cultura, es decir, su forma de vida, a través de sus **tradiciones**.

DATO 1

Las mujeres de los pueblos nativos americanos construían sus propios hogares.

Las mujeres de la tribu Powhatan se ocupaban de la construcción de las casas llamadas *yehakins*. Recogían árboles jóvenes para hacer la estructura que cubrían con matas y cortezas. También recolectaban madera para el fuego de su nuevo hogar.

Esta vivienda con techo abovedado se construyó para que se pareciera a un *yehakin* de los Powhatan.

DATO 2

Las mujeres de las Grandes Llanuras salían a cazar búfalos.

Como los hombres de la tribu cazaban y mataban búfalos para comer y para vestirse, las mujeres ayudaban a construir los tipis y a quitar la carne del búfalo. Algunas veces, de regreso a sus villas, llevaban la carne.

Las tribus de las Grandes Llanuras usaban los búfalos como alimento, para vestirse, como abrigo y para hacer herramientas.

DATO 3

No todos los curanderos eran hombres. ¡Algunas tribus tenían curanderas!

Con frecuencia, a las mujeres se les consideraba sanadoras. Curaban con técnicas tradicionales, es decir, que se pasaban de una generación a otra. Las mujeres recolectaban plantas para hacer **medicinas**. Especialmente ayudaban con los partos.

En la cultura de los pueblos nativos americanos, se creía que las mujeres tenían poderes especiales para sanar.

Túnica Chilkat

Las mujeres Navajo se han dedicado a la cerámica durante cientos de años.

DATO 4

Con frecuencia, eran las mujeres quienes preservaban la cultura de su tribu.

En muchas ocasiones, las mujeres se ocupaban de la comida, la vestimenta y el arte de su tribu. También transmitían las canciones y las tradiciones a sus hijos. En la tribu Chilkat del noroeste del Pacífico, las mujeres han fabricado bellas túnicas durante siglos. Esto ayuda a mantener viva su cultura.

Vestimenta tradicional

Las tribus y sus vestimentas

Las mujeres iroquesas usaban vestidos hechos de piel de venado decorados con cuentas y cintos. Usaban cintas bellas y coloridas para la cabeza.

Las mujeres Hopi se vestían para un clima templado. Usaban vestidos hasta las rodillas con un solo hombro y mocasines hechos de piel de venado.

Las mujeres Tlingit se vestían tanto para el frío como para el calor de la costa noroeste del Pacífico. Usaban faldas hechas con cortezas y piel de venado. En ocasiones especiales, usaban mantas Chilkat: vestimentas decorativas y coloridas.

Las mujeres Inuit usaban vestimentas hechas de piel y cuero de animales para conservar el calor. Usaban sacos con capuchas, lo suficientemente grandes como para sostener a sus bebés. También usaban botas altas hechas de piel y cuero de animal.

Las mujeres Cherokee vivían en las llanuras. Usaban zapatos suaves llamados mocasines y faldas hechas con cuero o cortezas. El vestido tradicional también incluye vestidos más largos con mangas (llamados “tear dresses”).

Liderazgo y poder

DATO 5

En algunas tribus las mujeres gobernaban las familias.

Las tribus matrilineales, tales como los iroqueses, eran aquellas que seguían la línea familiar a partir de la madre. Además, cuando un hombre y una mujer Hopi se casaban, iban a vivir con la familia de la mujer.

Las mujeres no siempre eran líderes de sus tribus, pero estaban completamente a cargo del hogar.

DATO 6

En las tribus matrilineales, las mujeres eran las dueñas de todas las propiedades.

En la cultura Hopi,
las mujeres poseían todos
los bienes, cultivos y tierras.
Las mujeres **heredaban**
las propiedades de su familia.
Si un matrimonio terminaba,
la mujer mantenía todas las
propiedades y
el hombre debía irse del
hogar sin nada.

La tribu Tlingit del noroeste del Pacífico y la nación iroquesa del noreste eran matrilineales.

DATO 7

En algunas tribus las mujeres podían designar a sus líderes.

Las mujeres americanas obtuvieron el derecho al voto hasta 1920. Sin embargo, las mujeres iroquesas tuvieron voz en el gobierno tribal durante cientos de años.

Las mujeres iroquesas tenían el poder de designar a los líderes tribales y se aseguraban de que hicieran su trabajo.

Las mujeres con mayor edad en el clan, es decir, la familia, eran las que tenían más poder para designar líderes.

DATO 8

La Pocahontas real fue secuestrada por pobladores ingleses.

La película *Pocahontas* muestra a una joven nativa americana que se enamora de un colono, John Smith. En la vida real, Pocahontas fue secuestrada por los ingleses y forzada a adoptar su forma de vida. Se casó con el inglés John Rolfe, fue a Inglaterra y murió joven.

Pocahontas era la hija del jefe Powhatan. La tribu Powhatan y los colonos ingleses no tuvieron buenas relaciones durante los primeros años del asentamiento inglés en Virginia.

DATO 9

Posiblemente Savannah, Georgia, no se hubiera fundado sin la ayuda de una mujer Creek.

En 1717, Mary Musgrove, una nativa americana de la tribu Creek, se casó con un comerciante inglés y abrió un puesto comercial en Georgia. Ayudó a los ingleses y a la tribu Yamacraw a entenderse, así el asentamiento en Georgia pudo ser pacífico.

Mary Musgrove fue una **intérprete** exitosa y una mujer de negocios.

DATO 10

Sacagawea era un símbolo de paz para las tribus nativas americanas que aún no conocían a los europeos.

Sacagawea era miembro de la tribu Shoshone. En 1805, se unió a los exploradores Lewis y Clark en su viaje a la costa del Pacífico. Actuó de intérprete para ellos y les mostró a las tribus que el grupo era amigable.

Sacagawea hizo todo el viaje desde Dakota del Norte hasta el océano Pacífico con su hijo bebé.

Durante la Guerra de la Independencia de Estados Unidos, muchas mujeres nativas americanas eran miembros de tribus que no tomaron partido.

DATO 11

Una mujer nativa americana fue espía durante la Guerra de la Independencia de los Estados Unidos.

Molly Brant era la hija de un sachem, o jefe, Mohawk y vivía con un importante colono inglés. ¡Se convirtió en una **leal** y famosa informante para los británicos!

DATO 12

Los exploradores y pobladores europeos rindieron homenaje a la reina Aliquippa; ¡hasta George Washington lo hizo!

Aliquippa fue líder de la tribu Seneca en el siglo XVIII. Su tribu vivía cerca de lo que es hoy Pittsburgh, Pensilvania. Fue defensora de los británicos durante la guerra contra los franceses y los indígenas.

Aliquippa y George Washington se encontraron más de una vez cuando él era un joven que lideraba tropas británicas.

DATO 13

La reina Cockacoeske se convirtió en jefa de la tribu Pamunkey de Virginia cuando murió su marido.

En 1677, Cockacoeske firmó el tratado de Middle Plantation, que juraba lealtad a los británicos. Los británicos le enviaron la vestimenta de una reina como obsequio y forzaron a las tribus a unirse bajo su poder. Sin embargo, algunos no lo hicieron.

La reina Cockacoeske gobernó a los Pamunkey hasta que murió en 1686.

Mujeres guerreras

DATO 14

Algunas mujeres Apache luchaban tan ferozmente como los hombres de sus tribus.

Lozen era una guerrera y **shaman** Apache que luchó junto a su hermano, un jefe Apache, en batallas contra los ejércitos estadounidenses y mexicanos, a fines del siglo XIX. Una de las compañeras de Lozen era Dahteste, una mujer apache que luchó en muchas **acometidas**.

Se creía que Lozen tenía poderes que le ayudaban a derrotar a sus enemigos en la batalla. También luchaba junto al famoso guerrero apache Gerónimo.

Los pueblos Cheyenne dicen que Mujer del Camino de la Ternera del Búfalo (Buffalo Calf Road Woman) pudo haber sido quien golpeó y tiró del caballo al teniente coronel Custer antes de que muriera en la batalla de Little Bighorn.

DATO 15

Mujer del Camino de la Ternera del Bufalo (Buffalo Calf Road Woman) durante una batalla salvó a su hermano que era un jefe.

En 1876, Jefe que se Pone a la Vista (Chief Comes in Sight), líder de su tribu Cheyenne, luchó contra el ejército de los Estados Unidos en la batalla de Rosebud. Su caballo recibió un disparo y él resultó herido, pero su hermana Mujer del Camino de la Ternera del Búfalo lo salvó. Ella también luchó en la batalla de Little Bighorn.

DATO 16

La primera mujer nativa americana que se convirtió en médica fundó un hospital en la reserva que era su hogar.

Susan La Flesche Picotte nació en la Reserva Omaha en Nebraska en 1865. Después de asistir a la Universidad de Medicina para Mujeres de Pensilvania volvió a su **reserva** donde fundó un hospital en 1913.

Hoy en día, Dr. Susan La Flesche Picotte Memorial Hospital tiene un museo en memoria de su fundadora.

DATO 17

Como jueza federal, Humetewa es una voz para muchos nativos americanos que viven en Arizona.

En 2014, se designó a la primera mujer nativa americana para que cumpliera funciones como jueza federal de los Estados Unidos.

Diane Humetewa, una mujer Hopi, trabajó como abogada y jueza para la tribu Hopi. También fue **procuradora** en Arizona desde 2007 hasta 2009.

DATO 18

Dawn Kelly Allen fue una de las primeras mujeres aceptadas en el Salón de la Fama deportivo indígena americano.

Dawn Kelly Allen nació en 1955 en Oklahoma. Pertenecía a las tribus Quapaw, Cherokee y Euchee. Fue campeona femenina de tenis del Campeonato Nacional Indígena Norteamericano de Tenis en varias casiones entre 1976 y 1991.

Mary Killman es otra atleta exitosa de los pueblos nativos americanos. ¡Estuvo en el equipo de nado sincronizado de los Estados Unidos en las Olimpíadas de 2012!

DATO 19

Ryneldi Becenti fue la primera nativa americana en jugar en la Asociación Nacional de Baloncesto Femenino (WNBA por sus siglas en inglés).

Becenti nació en Arizona en 1971 y creció en una reserva Navajo. Jugó baloncesto en la universidad del estado de Arizona. Como parte del equipo estadounidense, obtuvo una medalla de bronce en los Juegos Mundiales Universitarios de 1993.

Winona LaDuke fue la primera mujer nativa americana en presentarse como candidata a la vicepresidencia de Estados Unidos.

DATO 20

Wilma Mankiller fue la primera jefa principal de la nación Cherokee.

Wilma Mankiller nació en la tribu Cherokee en Oklahoma en 1945. Fue a la universidad y se unió al movimiento **activista** indígena estadounidense. Cumplió funciones como jefa principal de los Cherokee desde 1985 hasta 1995. Trabajó para mejorar las escuelas, el gobierno y la atención médica de los Cherokee.

En 1998, Mankiller fue distinguida con la Medalla Presidencial de la Libertad, uno de los mayores honores otorgados en Estados Unidos.

Mantener viva la historia

Las mujeres nativas americanas mantienen viva su historia de distintas maneras.

Mantener vivos los idiomas

Muchas tribus se vieron forzadas a abandonar sus idiomas y aprender inglés. Mujeres como Natalie Diaz, coordinadora del programa de recuperación del idioma Fort Mojave, trabajan para comprender los idiomas nativos y registrarlos.

Obras de arte tradicionales

Las mujeres de las tribus Pueblo continúan haciendo bellas cerámicas, así mantienen vivas las historias y creencias de sus tribus a través de la arcilla.

Danzas tradicionales

La mayoría de las tribus valoraban las canciones y danzas para las celebraciones. Hoy en día, las mujeres aún aprenden y realizan estas danzas. Las mujeres de la tribu Nanticoke realizan danzas que muestran la importancia de las mujeres como dadoras de vida, amas de casa y voces en la comunidad.

Aprovechar la educación

Cada vez son más las mujeres nativas americanas que van a la universidad en comparación con los hombres nativos. Estas mujeres se preparan para mejorar las escuelas y la vida cotidiana de las reservas, además atraen la atención sobre la cultura e historia de sus pueblos.

Mujeres fuertes, historia fuerte

La vida de las mujeres nativas americanas nunca fue fácil. Tuvieron que trabajar mucho para cuidar de sus tribus. Sobrevivieron muchas guerras entre tribus y contra los europeos. Se vieron forzadas a trasladarse desde sus tierras de origen hacia las reservas. Incluso hoy en día, muchas mujeres nativas americanas sufren por la falta de escuela y dinero.

El éxito de las mujeres nativas americanas con frecuencia se pasa por alto. Es importante celebrar los grandes logros que han obtenido. Estas mujeres ayudaron a construir su cultura y luchan por mantenerla viva.

Usar vestimentas tradicionales es una manera en la que las mujeres nativas americanas honran su cultura.

Glosario

acometida: ataque con ímpetu.

activista: persona que defiende intensamente un tema o causa.

clan: un grupo de familias relacionadas.

heredar: obtener mediante derecho legal después de la muerte de una persona.

intérprete: alguien que conoce otro idioma y puede explicar lo que se dice en ese idioma a otros.

leal: alguien que apoyaba a los británicos durante la Guerra de la Independencia de los Estados Unidos.

medicina: sustancia que toma una persona enferma para curarse.

procurador/a: alguien que trabaja en favor de otros en un tribunal de justicia.

reserva: tierra que el gobierno de los Estados Unidos destinó a los pueblos nativos americanos.

rol: papel que desempeña una persona.

shaman: persona que se cree que está conectada con el mundo espiritual y que tiene poderes especiales.

tradición: una costumbre que se practica durante mucho tiempo.

Para más información

Libros

Bruchac, James. *The Girl Who Helped Thunder and Other Native American Folktales.* Nueva York, NY: Sterling Publishing Co., 2008.

Colich, Abby. *Wilma Mankiller.* North Mankato: MN: Capstone Press, 2015.

Norwich, Grace. *I Am Sacagawea.* New York, NY: Scholastic Inc., 2012.

Sitios de Internet

Native American: Clothing
www.ducksters.com/history/native_american_clothing.php
Para conocer más sobre la vestimenta de los pueblos nativos americanos; incluye cómo se hace y cómo ha cambiado.

Native Americans in Olden Times: For Kids
nativeamericans.mrdonn.org/index.html
Permite analizar datos sobre muchas tribus nativas americanas, incluye cómo y dónde vivían.

Nota del editor a educadores y padres: Nuestros editores han revisado cuidadosamente estos sitios de Internet para asegurarse de que sean adecuados para los alumnos. Muchos sitios de Internet cambian frecuentemente, sin embargo, no podemos garantizar que los contenidos futuros de un sitio continuarán cumpliendo nuestros elevados estándares de calidad y valor educativo. Se recomienda que los alumnos estén supervisados siempre que accedan a Internet.

Índice